Zu den Verfahren zur Herstellung von Exlibris

(Exlibris)

John Vinycomb

Writat

Diese Ausgabe erschien im Jahr 2023

ISBN: 9789359256887

Herausgegeben von
Writat
E-Mail: info@writat.com

VORWORT.

Indem ich der Bitte des Autors nachkomme, diesen nachgedruckten Artikeln ein paar einleitende Worte hinzuzufügen, tue ich dies gerne, wenngleich ich einen leichten Protest dagegen eingehe, da der Autor sein Thema so gut behandelt hat, dass es sehr wenig zu sagen lässt , es sei denn, das Werk wird von denjenigen gelobt , für die es geschrieben wurde.

Herr Vinycomb hat sich in diesen Artikeln zum Ziel gesetzt, seinen Lesern eine praktische Abhandlung über die Art der Ausführung zu geben, und nicht über die Geschichte und Klassifizierung von Stilen bei der Herstellung von Exlibris; Dabei ist er sicherlich von ausgetretenen Pfaden abgewichen und hat einen sehr prägnanten und klaren Bericht über die verschiedenen Prozesse geliefert, mit denen unsere Exlibris hergestellt und reproduziert werden, sowie über die zahlreichen und raffinierten Manipulationsmethoden, auf die bei ihrer Herstellung zurückgegriffen wurde.

Einige Leute mögen das in diesem Zusammenhang verwendete Wort „Manufaktur" als ungeeignet für die Beschreibung dessen empfinden, was man als eine der modernen Künste bezeichnen könnte. Aber die Begriffe sind zwar keineswegs synonym, aber auf jeden Fall verwandt; Denn zweifellos sind die meisten Exlibris künstlerisch gestaltet, aber für ihre Reproduktion und endgültige Bearbeitung muss auf die Hilfe der Wissenschaft zurückgegriffen werden.

Herr Vinycomb sagt in seinen Eröffnungsbemerkungen: „Die Herstellung von Exlibris, mit welchen Mitteln auch immer, ist nur ein Nebenzweig der Kunst, mit der malerische und dekorative Illustrationen aller Art ausgeführt und Kopien davon vervielfacht werden." gewöhnliche Druckverfahren." Anschließend erzählt er uns, dass früher Holzstich und Kupferstich für die meisten existierenden Exlibris verantwortlich waren, „der Fortschritt der modernen Wissenschaft jedoch alles verändert hat, und wir können jetzt ein bezauberndes Exlibris besitzen." das weder auf Holz noch auf Kupfer eingraviert ist und dennoch entweder für das eine oder das andere gelten kann oder ganz eigene Eigenschaften hat." Es muss jedoch berücksichtigt werden, dass viele Menschen eine große Abscheu vor Prozessen aller Art haben und sich mit nichts anderem als einem direkt aus dem Kupfer gefertigten Exlibris zufrieden geben können. Im höchsten Interesse der Kunst haben sie zweifellos Recht; Während aber nur der reiche Mann das Werk eines alten Meisters oder eines modernen Malers erwerben kann, können diese Kunstwerke durch die verachteten Prozessblöcke in die Hände aller gelangen. Dies ist jedoch ein zu umfangreiches Thema, als dass es hier behandelt werden könnte; Doch ein Blick auf die Seiten des *Studios* und anderer aktueller Zeitschriften sollte den größten Skeptiker davon überzeugen , dass mit denselben Verfahren die schönsten Werke geschaffen werden können. Das Gleiche gilt für Exlibris, bei denen das Werk des Künstlers in absoluter *Faksimile reproduziert wird* .

Herr Vinycomb führt uns auf diesen Seiten in einfachen Schritten durch die verschiedenen Entwicklungen des Kupferstichs, von den groben Holzschnitten, die in den frühesten gedruckten Büchern zu finden sind, bis zu den wunderschön vollendeten Arbeiten von Dürer und andere Meister der Gravur. Dann kommt das Gravieren auf Metallen und das Ätzen; Und schließlich werden wir in die Geheimnisse der verschiedenen Methoden eingeweiht, die zur Vervielfältigung von Künstlerskizzen mittels Blöcken oder Abziehbildern eingesetzt werden, von denen beliebig viele Kopien angefertigt werden können. Er hat, wie wir bereits festgestellt haben, sein Thema auf äußerst praktische Weise behandelt, so dass auch der größte Neuling in der Lage sein wird, die Methoden zu verstehen, die bei der Vervielfältigung von Ex Libris verwendet werden; und anhand der gut ausgewählten Abbildungen und der auf diesen Seiten so reichlich verteilten Hinweise ist es für diejenigen, die sich nicht mit der Kunst des Gravierens und der Prozessbearbeitung beschäftigt haben, eine einfache Sache, sich ein angemessenes Wissen über das Thema anzueignen.

Einige der Abbildungen sind bereits im Zusammenhang mit diesen Artikeln im *Ex Libris Journal erschienen* (Bd. III., S. 151, 170; Bd. IV., S. 17, 43, 57, 92); andere werden hier zum ersten Mal vorgestellt; Aber sie sind alle gut geeignet, den Wert von Herrn Vinycombs Arbeit zu steigern und zu zeigen, was mit den verschiedenen verwendeten Methoden erreicht werden kann. Darüber hinaus kann man mit Sicherheit davon ausgehen, dass alle systematischen Exlibris-Sammler froh sein werden, in dieser handlichen und unabhängigen Form einen Aufsatz über die praktische Seite eines Themas zu haben, mit dem sie sich bisher vielleicht nur allgemein befasst haben oder sentimentales Interesse.

Dank der Gründung der Ex Libris Society hat das Sammeln und Bewahren von Exlibris mittlerweile einen wissenschaftlichen Status erreicht, und in großen und wertvollen Sammlungen wird es immer notwendiger, zu wissen, wie man sie am besten klassifizieren und ordnen kann Akquisitionen. Dieses Wissen kann daher am besten durch das Studium solcher Werke wie des vorliegenden gesichert werden, anhand derer der Sammler das Alter und den Wert eines Tellers beurteilen oder zumindest ein ungefähres Datum für diese (und davon gibt es viele) festlegen kann), die kein aufgedrucktes Datum zur Feststellung ihrer Identität haben.

Dieses kleine Werk ist eine wertvolle Ergänzung zu Mr. Hamiltons kürzlich veröffentlichter Arbeit über „Dated Exlibris", in der er sich mit fast allen Zweigen des Themas befasst, die für Sammler am interessantesten oder wertvollsten sind, aber natürlich wenig dazu hat Über die praktische Erstellung von Ex Libris kann ich nichts sagen – und überlassen Sie dies einem Experten in der Person des Autors des vorliegenden Aufsatzes. Für praktische Graveure hat Herr Vinycomb wahrscheinlich zu viel oder zu wenig gesagt oder ihnen vielleicht nur das erzählt, was sie bereits wussten;

Da aber die Mehrheit der Sammler nicht in diese Kategorie eingeordnet werden kann, kann man durchaus davon ausgehen, dass der Autor eine Lücke in der Exlibrisliteratur geschlossen hat, die kein früherer Autor zu füllen versucht hat, und dass sein Werk von großem Wert sein wird Mitglieder der Ex Libris Society und an Sammler von Exlibris im Allgemeinen.

WHK WRIGHT ,
Herausgeber *Ex Libris Journal* .

ÜBER DIE VERFAHREN ZUR HERSTELLUNG VON EX LIBRIS.

Von John Vinycomb , MRIA

EINFÜHRUNG.

DIE Herstellung von Exlibris, mit welchen Mitteln auch immer, ist nur ein Nebenzweig der Kunst, mit der bildliche und dekorative Illustrationen aller Art ausgeführt und Kopien durch einige der gewöhnlichen Druckverfahren vervielfacht werden. Ohne an dieser Stelle eingehend auf die Geschichte der bildlichen Illustration und des Drucks einzugehen, kann kurz gesagt werden, dass in der Vergangenheit die einzigen verfügbaren Reproduktionsmethoden entweder darin bestanden, Holzblöcke mit Relieflinien zu drucken, die im Buchdruckverfahren gedruckt wurden, oder durch gravierte Kupferplatten, bei denen die Linien in die polierte Oberfläche des Metalls geschnitten und mit der Kupferplattenpresse gedruckt werden (die *Vorgehensweise* bei den einzelnen Methoden wird später erläutert).

Die Prozesse zur Herstellung von Ex Libris – wie es heute üblich ist, diese zierlichen kleinen Kunstwerke zu nennen, die wir so gerne sammeln und bewahren – sind heute so zahlreich und in ihrem Stil und Charakter der Arbeit so vielfältig, dass sie es sind unähnlich, doch in sehr vielen Fällen stellen wir fest, dass die Ergebnisse so ähnlich sind, dass nur ein praktischer Experte mit einiger Sicherheit sagen kann, wie und mit welchen Mitteln sie vollständig ausgeführt wurden. Daher ist es nicht verwunderlich , dass der Sammler, der unbedachte Kleinigkeiten aufsammelt, so sehr er sich auch mit der Fachliteratur auskennt, aus Mangel an technischen Kenntnissen manchmal verwirrt ist und nicht in der Lage ist, den Zustand eines bestimmten Exemplars zu erklären produziert worden. In den älteren Beispielen gibt es kaum oder gar keine Schwierigkeiten, den Unterschied zwischen einem Holzschnitt und einem Kupferstich zu unterscheiden; zu der einen oder anderen dieser beiden Methoden muss es zwangsläufig gehören. Der Fortschritt der modernen Wissenschaft hat dies jedoch alles verändert, und wir besitzen jetzt möglicherweise ein bezauberndes Exlibris, das weder auf Holz noch auf Kupfer eingraviert ist und dennoch entweder für das eine oder das andere gelten kann oder völlig bestimmte Eigenschaften aufweist sein eigenes.

Ein Bericht über diese beiden älteren Methoden und ihre späteren Entwicklungen sowie eine Skizze einiger moderner Prozesse, die sich aus der Erfindung der Lithographie und Fotografie ergeben, werden für Sammler von Ex Libris von Interesse sein; Das Verfahren ist derzeit für hochwertige Buchillustrationen, Zeitschriften, illustrierte Wochenzeitungen usw. sehr in Mode, insbesondere durch die Zeichnung des Künstlers, durch eine glückliche Verbindung dieser späteren Künste und der chemischen Wissenschaft übersetzt in eine Druckoberfläche aus Metall oder einem anderen Material, um Abdrücke durch die Typenpresse, die Kupferplattenpresse, durch Lithographie oder durch eines der fotomechanischen Verfahren wie Kalotypie usw. zu erzeugen. Anhand repräsentativer Beispiele soll es dem Sammler ermöglicht werden, sich ein ziemlich genaues Bild von der Ausführungsweise ähnlicher Werke zu machen.

Welchen Vorzug an Originalität oder Fantasie die früheren Beispiele auch haben mögen, es ist interessant zu beobachten, wie weitgehend Exlibris dem vorherrschenden Stil oder der vorherrschenden Mode der Zeit entsprechen. Allein durch diesen Test können Sammler nahezu sicher sein, ein ungefähres Datum festzulegen, an dem sie entworfen und graviert wurden. Wiederum zeigt sich auf dem Gesicht jedes Exemplars deutlich der Charakter des Künstlers, ob er nun ein „schlechter Mechaniker " in seinem Beruf war oder ein echter Künstler, der sein Denken und seine geschickte Hand verlangsamt, um die Bibliothek seines Freundes oder Kunden zu verschönern . Der Künstler selbst, früher meist ein vielseitiger und vielseitiger Mann, passte sich seinem Werk an und arbeitete seine Ideen aus *con amore,* in welche Richtung auch immer er berufen wurde, sei es, um ein großartiges Bild zu malen, einige seiner unsterblichen Vorstellungen zu zeichnen und vielleicht auf Holz oder Kupfer zu gravieren, oder es könnte nur ein einfaches Exlibris für seinen Freund und Gönner sein . Ein solcher Mann war Albrecht Dürer . Ein von ihm auf Holz geschnittenes Exlibris für seinen Freund Bilibaldi Pirckheimer , bildet das Frontispiz des Hon. Leicester Warrens Buch „The Study of Exlibris". Männer wie Michael Angelo, der seinen Beruf auf jede Phase der Kunst ausdehnen konnte, jetzt als Architekt, der den Bau der großen Kirche St. Peter in Rom entwarf und durchführte, die großartigsten und erhabensten Bilder malte und auch Skulpturen schuf ein Rivale, der aber seinen erhabenen Geist auch bei der Betrachtung weniger wichtiger Werke einsetzen konnte. Ihm, Hans Holbein und anderen hochrangigen Künstlern verdanken wir den enormen Fortschritt der schönen Künste in dieser Zeit, der, beginnend mit der Renaissance der Literatur und Kunst im 15. und 16. Jahrhundert, sie allmählich zerstreute Dunkelheit des Mittelalters . Das Zeichnen und Gravieren auf Holz wurde zu einem hohen Grad an Perfektion gebracht, und es entstand eine Generation von Künstlern, die sich ausschließlich der Illustration von Büchern widmeten, die die kürzlich erfundene Buchdruckkunst in Beschlag genommen hatte.

Der Holzstich als Ergänzung zu gedruckten Büchern war die früheste Form, in der gute Kunst populär wurde: Die Buchillustration durch gravierte Kupferplatten war eine spätere Entwicklung, obwohl die Kunst nicht unbekannt war: In einer späteren Zeit waren es fast schon Kupferplattenillustrationen Holz für diesen Zweck vollständig ersetzt.

Wer die Illustrationen in frühen gedruckten Büchern sorgfältig studiert hat – vom Druckerzeichen auf der Titelseite bis zum Kolophon – wird von dem männlichen und kraftvollen Zeichenstil der Schnitte beeindruckt sein, der zeigt, dass er das Thema wirklich versteht und beherrscht Details, und während wir uns vielleicht über die urigen Einbildungen und die etwas groben Linien amüsieren, können wir nicht umhin, von der natürlichen Einfachheit der Zeichnung entzückt zu sein, obwohl es fast völlig an Lokalkolorit mangelt . Als die Kunst des Holzgravierens noch in den Kinderschuhen steckte, musste zwangsläufig ein gewisser Mangel an Verfeinerung in der Ausführung vorhanden sein. Der Holzstecher wurde sehr jung geboren und musste sich durch mühsames Üben Geschick und Wissen für seine Arbeit aneignen. Der Künstler hingegen kam, wie Minerva, vollständig ausgestattet ins Leben, oder, um es wörtlich zu nehmen, er existierte bereits; Mit reifer Erfahrung passte er seine Fähigkeiten an die Anforderungen der neuen Kunst an. Das erste und wichtigste war , dass die vom Künstler zu zeichnenden Linien nicht für kleine Details geeignet waren, da die Werkzeuge des Graveurs und das von ihm verwendete Holz nicht geeignet waren Holz muss notwendigerweise *wenig* und *gut ausgewählt sein* .

Die Brandenburgische oder Buxheimer Platte, *um* 1480.

[Das älteste Ex Libris, das tatsächlich mit einem gedruckten Buch in Verbindung steht.
Verbindung steht.
Siehe *Ex Libris Journal* , Bd. II., S. 71.]

Feige. 4. – GERÄT, DAS HÄUFIG CAXTON ZUGESCHRIEBEN
WIRD.

CAXTONS ZEICHEN.

HOLZGRAVUR.

ABGESEHEN DAVON , dass es eine Vorstellung davon gibt, was Holzstich ist und wie er hergestellt wird, soll es nicht mehr tun, als sich auf die frühe Geschichte der Kunst zu beziehen – ein Thema, über das umfangreiche Bände geschrieben wurden – oder detailliert darauf einzugehen Einzelheiten und Ausführungsweisen moderner Arbeit. Wer weitere Informationen wünscht, kann spezielle Werke zu diesem Thema konsultieren. [1]

HOLZGRAVUR UND KUPFERGRAVUR – DER UNTERSCHIED.

Der Kupferstich, der im 17. und 18. Jahrhundert den Holzstich fast vollständig verdrängte, unterscheidet sich im Prinzip vom Holzstich dadurch, dass bei einem Holzschnitt die Linien des Motivs als Relief hervorstehen und das Holz zwischen den Linien eingeschnitten oder weggeschnitten ist. so dass beim Einfärben der Oberfläche die so aufgeladenen Linien durch Reiben der Rückseite oder durch Verwendung der Typenpresse einen Abdruck auf dem Papier hinterlassen. Bei der Kupferplatte sind die Linien *in* die polierte Oberfläche des Metalls eingeschnitten, die, wenn man sie mit Druckfarbe überstreicht und die Oberfläche sauberwischt, die eingeschnittenen Linien mit Tinte gefüllt zurücklässt; Die Abformung erfolgt mit einer speziell an den Zweck angepassten Presse.

Man erkennt, dass *der Oberflächendruck* eine Notwendigkeit und ein Merkmal der Holzgravur ist. In seinen Anfängen einfach und grob , was hauptsächlich auf die unvollkommenen mechanischen Mittel zum Schneiden des Holzes in ausreichend feine oder exakte Linien zurückzuführen ist; Es wurde zunächst bei der Herstellung von Spielkarten eingesetzt, deren Umrisse durch Abdrücke aus Holzklötzen geformt und die Farbe von Hand oder mit einer Schablone ausgefüllt wurde. In Europa fand die früheste Anwendung der Kunst zur bildlichen Illustration in Deutschland gegen Ende des 14. oder Anfang des 15. Jahrhunderts statt. Der älteste bekannte Holzschnitt mit Datum stammt aus dem Jahr 1423. Er zeigt den heiligen Christophorus, der unseren Erlöser auf seinen Schultern über einen Fluss trägt. Anderen Exemplaren wird, obwohl undatiert, aufgrund ihrer größeren Rohheit ein überlegener Anspruch auf Alter zugeschrieben. Mit der Erfindung des Buchdrucks machte die Kunst bald große Fortschritte, und die Einführung beweglicher Typen zum Drucken in Verbindung mit gravierten Blöcken gab der Herstellung gravierter Holzblöcke neuen Auftrieb. Zu Beginn des 16. Jahrhunderts waren mehrere berühmte Künstler entweder Holzgestalter oder Graveure . Bücher dieser Zeit waren reichlich illustriert. Zu den bedeutendsten Vertretern dieser Linie gehörte Albert Dürer , dessen

Schaffen als Maler und Kupfer- und Holzstecher so zahlreich ist, dass er unmöglich den Zehnten der ihm zugeschriebenen Holzstiche hätte stechen können; wahrscheinlich hat er nur den Entwurf auf die Blöcke gelegt und die Ausführung anderen überlassen.

Die Kunst wurde hauptsächlich in Deutschland praktiziert , wo sie von Kaiser Maximilian gefördert wurde , für den Burgmair das große Werk „Die Triumphe Maximilians" schuf. Der nächste große Name in den Annalen des Holzstichs ist Hans Holbein, dessen „Totentanz" 1538 in Lyon gedruckt wurde.

1476 sein „Game and Playe of Chesse " mit Kürzungen heraus . Holzschnitte gibt es auch in der „Goldenen Legende" von 1483; „Fabeln des Äsop ", 1484; Chaucers „Canterbury Tales" und andere Bücher aus seinem Druck – alle selten und schlecht in der Ausführung, aber bemerkenswert in der Kunstgeschichte. Von 1545 bis 1580 wurde der Holzstich weiterhin häufig zur Illustration von Büchern in England verwendet, hauptsächlich von John Daye. Aus dieser Zeit gibt es bis auf das Erscheinen von Bewick , dem die Wiederbelebung des Holzstichs hauptsächlich zu verdanken ist, kaum etwas Wesentliches zu berichten .

FORMSCHNEIDER.

Frühe Methode zur Gravur auf der Holzseite
mit Messern.

In den Anfängen der Holzgravur verwendete der Graveur zu diesem Zweck eine dicht gemaserte Holzplatte mit geeigneter Dicke zum Bedrucken von Schriften – er schnitt den Baum in Längsrichtung und nicht am Ende oder Abschnitt des Holzes wie in moderne Arbeit; und der Schnitt wurde notwendigerweise mit dem Messer ausgeführt. Der urige und grobe Schnitt auf der beigefügten Doppelseite ist ein gutes Beispiel für die früheste Art des Holzschnitts und das älteste bekannte Exlibris.

In Bezug auf das Messer als Schneidinstrument schreibt Herr WJ Linton in seinem „Manual of Wood Gravur", S. In Band 28 heißt es: „Soweit ich feststellen konnte, wurden mit der einen möglichen Ausnahme der Schnitte zu Croxalls Fabeln von 1722 alle Gravuren auf Holz von der frühesten Zeit bis zur Zeit Bewicks mit dem Messer statt mit Graveuren angefertigt." ."

Grober früher Holzschnitt. (Tatsächliche Größe.)

Das älteste bekannte Exlibris. Es handelt sich um Jean Knabensberg , genannt Igler , Kaplan der Familie Schönstett . Es stellt einen Igel mit einer Blume im Maul dar. Auf dem Banner lesen wir: „ Hanns Igler das dich ein Igel Kuss ." Ihr ungefähres Datum ist 1450. Herr Ludwig Rosenthal, Antiquariat , München, besitzt ein Exemplar dieser seltenen Platte in seinem Besitz, das er auf 600 Mark schätzt. Siehe Warneckes „Die deutschen Bücherzeichen " (Ex Libris), 1890.

Aus Papillons Abhandlung, 1766.

Bis zu einem gewissen Grad können wir uns der Schwierigkeiten bewusst sein , mit denen die frühen Holzstecher in dieser Hinsicht bei der Herstellung feiner Arbeiten zu kämpfen hatten , aber wenn wir die späteren Werke der deutschen Graveure untersuchen und die allmähliche Verbesserung von der Grobheit zu wirklich hervorragenden Arbeiten beobachten, sind wir erstaunt darüber Mit solchen Behinderungen waren mit dem Messer so großartige Ergebnisse möglich. Der *Formschneider*, wie der Graveur von Blockbildern genannt wurde, erlangte zunehmend Geschick und Geschicklichkeit, indem er das Muster genau so, wie es auf das Holz gezeichnet wurde, und mit äußerster Genauigkeit schnitt; Durch die Verwendung eines feinkörnigeren und härteren Holzes und perfekter für die Arbeit geeigneter Werkzeuge entwickelte sich die Kunst sprunghaft weiter, bis sie zur Zeit von Dürer und Holbein ihren Höhepunkt der Exzellenz erreichte. Buchsbaum wurde damals wie heute verwendet, jedoch nur für feine Arbeiten und in Brettern geschnitten. Für größere Arbeiten reichten weichere Hölzer aus: Birnen- und Apfelhölzer, Liguster, Bergahorn und jedes weiße Holz, auf dem eine Zeichnung zu sehen war – alles wurde Linie für Linie auf das Brett gezeichnet; Die Aufgabe des Graveurs besteht lediglich darin, die weißen Zwischenräume zwischen den Linien wegzuschneiden, indem er, wie bereits gesagt, mit Messern in die kleineren Zwischenräume schneidet und die größeren mit Meißeln und Hohleisen so weit wegräumt, dass die Tinte beim Drucken entweichen kann.

PRESSE VON ASCENSIUS .

Kleiner DÜRER- Holzschnitt, aus der Nürnberger Familie Kress von Kressenstein .

Heutzutage findet man in den kunstvoll gezeichneten und gravierten Blockbüchern der Japaner die Illustrationen mit dem Pinsel auf *der Seite* des Holzes gezeichnet und mit einem Messer geschnitten; Aber wir wundern uns jetzt nicht mehr über die Arbeit dieser wunderbaren Menschen, die uns in so vielen Formen der Kunst den Atem geraubt haben.

MODERNE HOLZGRAVUR.

Um den Umfang und die Praxis des Holzstichs zu verstehen, ist es notwendig, einen Blick auf die illustrierten Veröffentlichungen von vor einigen Jahren zu werfen, bevor Prozessblöcke die Arbeit des Graveurs weitgehend verdrängt hatten. Bemerkenswert ist die immense Popularität, die die Kunst in diesem Land durch die Gründung von *Illustrated London News*, *Graphic*, *Art Journal*, *Magazine of Art* und ähnlichen Publikationen erlangt hat, ganz zu schweigen von Buchillustrationen. Die Exzellenz des Werkes und die unendliche Stilvielfalt der besten Künstler und Graveure zeigen, dass es in der Lage ist, alle künstlerischen Qualitäten darzustellen, die dem Kupfer- und Stahlstich eigen sein sollen; Es hat auch andere Qualitäten, wie z. B. Kraft und Kraft in den dunkleren Bereichen und die Verwendung von weißen Linien auf Tönung oder festem Untergrund – Effekte, die mit äußerster Mühe auf der Metallplatte erzielt werden.

Exlibris von Bewick in Holz eingraviert , reproduziert im Prozessblock.

Holzstiche für bildnerische Arbeiten können in zwei Arten unterteilt werden:

I. – BLACK-LINE- oder FAKSIMILE- ARBEIT . – Die Zeichnung auf Holz wird genau so eingraviert, wie sie gezeichnet wurde, Linie für Linie. Alle Beispiele bis zur Zeit Bewicks und viele danach sind von dieser Art. Als Veranschaulichung der besten Qualitäten dieses Holzstichstils könnten keine passenderen Beispiele genannt werden als die Cartoons und Zeichnungen in *Punch* von Tenniel, Doyle, Leech und anderen vor der Einführung fotogeätzter Prozessblöcke. (Bewick selbst, sowohl Künstler als auch Graveur, wich von der alten groben Art des Holzstichs ab, indem er einen neuen Arbeitsstil einführte, der die lokalen Farben und die Texturen der Natur besser nachahmte: Er zeichnete das Motiv des Entwurfs auf Holz mit Bleistift und anschließend mit Tusche in den Massen von Schattierungen und Lokalfarben tönen ; und *mit dem Stichel* alle charakteristischen Markierungen und kleinsten Details durch weiße Linien auf dem dunklen Grund zeichnen. In seinen Natural History Cuts imitierte er am meisten Die Texturen von Bäumen, Gräsern und Naturlandschaften , das Gefieder von Vögeln, das zottelige oder glatte Fell von Tieren usw. lassen sich auf wunderbare Weise erkennen. Mehrere von ihm auf Holz ausgeführte Ex Libris weisen die gleiche charakteristische Handhabung auf. Die beiden Holzstiche von Bewick werden durch Prozessblöcke reproduziert. Obwohl sie vielen seiner naturhistorischen Schnitte unterlegen sind, zeigen sie doch den Stil und Charakter seines Werkes – die sorgfältige Ausführung von Details und die Verwendung von weißen Linien auf schwarzem Grund.

(*Aus der Sammlung von WHK Wright, Esq.*).

Holzstich von Bewick .

II. – GETÖNTE ARBEIT. — In diesem Modus wird das Motiv in TÖNUNGEN ODER WÄSCHEN und teilweise mit dem Bleistift gezeichnet. Um bei Arbeiten dieser Art erfolgreich zu sein und die Ideen des

Künstlers wirklich zu interpretieren, muss der Graveur selbst ein Künstler mit beträchtlichen Fähigkeiten sein, da er die Linien an das Werk anpassen muss, und darin liegt nicht nur seltenes Urteilsvermögen und Diskretion die Richtung der Linie, die der Entwicklung der Form am förderlichsten ist, aber die Breite und Dicke der Linien und Zwischenräume müssen genau beurteilt werden; Auch die unterschiedlichen Oberflächenqualitäten müssen durch die eingravierten Linien angedeutet werden.

Materialien und Vorgehensweise.

Das Holz, das von Graveuren verwendet wird, ist Buchsbaum, wegen seiner dichten Maserung und festen Textur; Es wird hauptsächlich aus der Türkei importiert und quer oder quer zur Faser geschnitten (so dass die Gravur am Ende des Holzes erfolgt). Die Dicke (Schrifthöhe) beträgt sieben Achtel Zoll. Es hat eine wunderschön glatte Oberfläche und schneidet unter dem Graveur mit höchster Klarheit und Feinheit. Da die polierte Oberfläche des Holzes zum Zeichnen ungeeignet ist, erhält sie einen leichten „Zahn", indem man mit dem Daumenballen etwas weiße Wasserfarbe über die Oberfläche des Blocks reibt, bis sie fast trocken ist und ein angenehmes Ergebnis erzielt Oberfläche für den Bleistift.

Nachdem die Zeichnung oder der Entwurf auf Papier skizziert und perfektioniert wurde, wird sie dann in umgekehrter Richtung auf den Holzblock übertragen und die Zeichnung anschließend ausgearbeitet, je nach Wunsch entweder im Faksimile mit schwarzen Linien oder in Farbtönen. Der *schwarze Bleistift* , *dessen* Minenhärte ausreichend ist, um dem Druck auf der festen Oberfläche standzuhalten, ist das beliebteste Zeicheninstrument. Zum Abtönen kann entweder der Bleistift oder der Pinsel mit Tuschefarben verwendet werden.

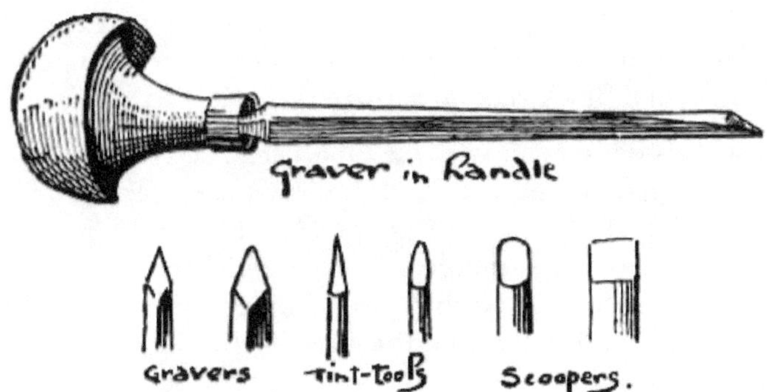

Die verwendeten Werkzeuge sind *Stichel* , *Färbewerkzeuge* und *Schaufeln* oder Ausschneidewerkzeuge – in insgesamt etwa einem Dutzend verschiedener Größen; die verschiedenen Arten sind hier angegeben. Mit den Graveuren werden der Umriss und alle Details ausgeschnitten; Die Tönungen, mit denen die richtigen Töne bzw. Licht und Schatten erzielt werden, können am besten mit Tönungswerkzeugen unterschiedlicher Schnittbreite wiedergegeben werden . Die nicht zu druckenden Teile werden mit einer Schaufel ausgehöhlt. Es versteht sich, dass alle Leerstellen oder weißen Teile einer Gravur im Block weggeschnitten wurden.

Art der Gravur auf Holz.

Es gibt auch mehrere *Dinge* , die der Graveur benötigt, wie zum Beispiel einen Ölstein zum Schärfen seiner Graveure; ein Brillenglas, wenn es um sehr feine Gravierarbeiten geht; ein kleiner runder Sandsack, auf dem der Block beim Gravieren gehalten wird; ein Instrument, das Poliermaschine genannt wird und mit dem man Beweise anfertigen kann. Nachts wird eine mit Wasser gefüllte Glaskugel verwendet, um das Licht einer Lampe oder eines Gasstrahls auf den Block zu konzentrieren.

Nach Abschluss der Gravur wird die Oberfläche des Blocks ganz leicht mit Druckfarbe eingefärbt und ein Stück Indienpapier oder ein anderes feines Papier ähnlicher Qualität darauf gelegt. Anschließend wird ein Abdruck gemacht, indem das Papier mit dem Polierer gerieben wird es ist vollständig bedruckt. Anhand dieses Nachweises kann der Graveur beurteilen, ob Änderungen erforderlich sind und welche Verbesserungen vorgenommen werden können .

Die Wiederbelebung des Holzstichs durch Bewick und andere und der hohe Grad an Perfektion, zu dem er von seinen unmittelbaren Nachfolgern gebracht worden war, verdrängten den Kupferstich für Buchillustrationen weitgehend, obwohl für Ex Libris der Kupferstich beibehalten wurde , und behält immer noch seinen Platz als der wichtigste und verdientermaßen beliebteste Stil.

Crest Ex Libris von R. Day , FSA , *Cork* .

Von CW Sherborn graviert und direkt von der Kupferplatte gedruckt.

GRAVUR AUF KUPFER
UND STAHL.

WO wären jetzt die glorreichen Ausgaben der Dichter, die „Annuals“, „Andenken“, „Books of Beauty“ und andere entzückende Bände, die noch immer die Augen bezaubern und die Herzen derer erfreuen, die den Geschmack und den Witz haben? sie zu besitzen? Als Werke von höchster künstlerischer Qualität sind sie mit ihren eingravierten Titeln, Frontispizen und Illustrationen im Text, gezeichnet von Stothard , Turner, Creswick, Stanfield, Harding und vielen anderen, seitdem in puncto Schönheit ihresgleichen Namen in der britischen Kunst und auf die seltenste und exquisiteste Art und Weise von Männern eingraviert, die in ihrer Branche ebenso bedeutend waren. Bei den „Holzschnitten“ wurden sie jedoch für die damalige Zeit aufgrund der Exzellenz, die die Kunst erreicht hatte, und der größeren Schnelligkeit und Kostengünstigkeit des Drucks überflüssig gemacht.

KRESS-EXLIBRIS.
(Siehe *Ex Libris Journal*, Band IV, S. 9.)

Auf Kupfer eingraviert von Hans Troschel , 1699.
Reproduktion durch Prozessblock.

Bei allen Veränderungen und Erfindungen in der Art der Kunstreproduktion hat sich die gravierte Platte stets als die vollendetste und vollkommenste behauptet. Für Ex Libris ist es besonders geeignet; es ist *par excellence* DER STIL zur Erreichung höchster Kunstqualität.

Das Art Journal hat sich, unterstützt durch ein oder zwei ähnliche Veröffentlichungen, heldenhaft bemüht , die Traditionen der besten Epoche der Kunst in seinen Stahlplattenillustrationen aufrechtzuerhalten, jedoch mit Ausnahme von Bildern dieser Art und größeren Formats für die Rahmung Illustrationen auf Stahl und Kupfer für Bücher kann man sagen, dass sie praktisch ausgestorben sind.

Die Zeit übt jedoch ihre Rache: Der Holzstich wiederum wird schnell durch „ *Prozessblöcke* " (davon später mehr) verdrängt, und wenn wir jetzt ein aktuelles illustriertes Buch oder eine neuere illustrierte Zeitschrift in die Hand nehmen, finden wir den Großteil davon Bei den Bildern und Designs handelt es sich nicht um Holzstiche, sondern um Prozessblöcke.

Exlibris- Sammlung sind die meisten Exemplare auf gravierten Platten gedruckt, relativ wenige davon stammen aus Holzblöcken. Der Grund ist nicht weit zu suchen. Der Holzstich, wie er in England vor Beginn dieses Jahrhunderts praktiziert wurde, war schlecht in der Ausführung und eignete sich nicht ausreichend, um kleinste Details mit der gleichen Leichtigkeit und Bereitwilligkeit auszuarbeiten, mit der sie auf Kupfer ausgeführt werden können .

Reine Liniengravur von Robert White,
nach einem Gemälde von Sir Godfrey Kneller.

Reproduziert durch Prozessblock.

Dass dies die bevorzugte Art der Herstellung dieser zierlichen kleinen Werke war, zeigt sich auch daran, dass Kupferstichbilder für Buchillustrationen aller Art den Holzstich, der tatsächlich völlig in Ungnade gefallen war, fast vollständig verdrängt hatten . Bis zu Beginn des Jahrhunderts, als Bewick und andere es zu einer hohen Kunst erhoben hatten, befand sich die Holzgravur in einem äußerst rauen Zustand. und wenig geeignet für kleine Arbeiten. Der Kupferstich dagegen hatte über mehrere Jahrhunderte hinweg eine erfolgreiche Blüte; Jeder Goldschmied war in der Lage, die dekorativen und heraldischen Arbeiten auf Silberplatten und Goldschmiedearbeiten oder auf Metall jeglicher Art zu „jagen" und zu gravieren, sei es als Relief oder Tiefdruck, beispielsweise auf Medaillen, Münzen *usw.* Dass dies keine bloße Annahme ist, wissen wir aus historischen Beweisen sowie aus einem sorgfältigen Vergleich der „ *Handhabung* " oder der Art und Weise des Schneidens der Linien auf Silberarbeiten, die mit der Art des Schneidens der Linien bei sehr vielen Arbeiten identisch ist gravierte Exlibris aus der letzten und frühen Hälfte des heutigen Jahrhunderts. Was auch immer man von den Launen der Accessoires im jakobinischen Stil, im <u>Chippendale-</u> Stil und in anderen verwandten Stilen halten mag – bei denen es sich im Wesentlichen um silberne Gravurmuster handelt –, ein Großteil dieser Werkklasse zeigt zumindest einen wahren heraldischen Geist bei der Behandlung der Anklagen.

Ein Chippendale- Muster . Arbeitsstil des Silbergraveurs,

durch Prozessblock reproduziert.

Benvenuto Cellini, dessen Werke heute sagenhafte Preise für Goldschmiedearbeiten erzielen, war ebenfalls ein erfahrener Graveur, wie wahrscheinlich die meisten Edelmetallarbeiter seiner Zeit. Hogarth hat zu Beginn seiner Karriere viel für die Silberschmiede gearbeitet, indem er Wappen, Wappen usw. gravierte; So auch Bewick , der gleichgültig Holz und Metall bearbeitete. Der Autor hat in seinen jüngeren Jahren eine ganze Reihe ähnlicher Werke verfasst; und seines Wissens war es in vielen Betrieben Brauch, dass die Graveure beides machten, je nachdem, wie es die geschäftlichen Anforderungen erforderten, wenngleich die Tendenz darin bestand, sich zu spezialisieren, wenn es reichlich Arbeit gab, wobei jeder die Aufgabe erledigte, für die er offenbar eine Begabung zu haben schien . Dies gilt insbesondere für schwerere Arbeiten; Der Bildstecher führt seine Arbeit hauptsächlich im Ätzverfahren aus und schließt erst mit dem Graveur ab.

Zweifellos ist die lebenslange Ausübung einer bestimmten Art von Arbeit dieser Art darauf ausgelegt, eine steife und formelle Arbeitsweise hervorzurufen und Muster zu stereotypisieren , wenn da nicht die kapriziösen Veränderungen der Mode wären; manchmal entwickelt sich langsam, ein anderes Mal setzt plötzlich eine neue Mode ein und verändert alles; der spätere jagte den früheren aus dem Feld, nur um seinerseits mit dem Ellbogen zur Seite gestoßen zu werden. Verzierungsstile, die sich im Laufe der Zeit gegenseitig beeinflussen, hinterlassen am Rand immer ihre Höhepunkte, die als wertvolle Daten für den Schüler dienen. Die vorherrschenden Stile der dekorativen und heraldischen Kunst haben, wie alle alltäglichen Dinge, ihre Entwicklungs-, Blüte- und Dekadenzperioden, zu deren Daten Exlibrissammler mit Hilfe datierter Exemplare mit einigermaßen Sicherheit gelangen.

Die Verbreitung eines bestimmten Stils, seine Mode und Dauer werden in hohem Maße für die Familienähnlichkeit verantwortlich sein, die in so vielen Exlibris zu beobachten ist; Die Hauptfaktoren können jedoch auf den allgemein niedrigen Stand der Technik, den Mangel an qualifizierten Designern und Graveuren und das reichliche Angebot des gewöhnlichen Artikels – des mechanischen Handwerkers – zurückgeführt werden.

Reine Liniengravur, reproduziert durch Prozessblock.

Was die Geschichte und Entwicklung der Stile in Ex Libris angeht, ist ein Verweis auf die Werke des Hon. J. Leicester Warren, J. Paul Rylands, FSA , Egerton Castle, MA , FSA , WJ Hardy und die Seiten des *Ex Libris Journal* finden das Thema vollständig und klar dargelegt.

Ein Wort zum Ursprung und zur Geschichte des Kupferstichs. Die Kunst des Gravierens auf Metallplatten, um Abdrücke auf Papier zu machen, wurde erstmals um das Jahr 1460 von Tommaso Fineguerra , einem Florentiner Goldschmied, praktiziert . Einige Schriftsteller haben die Erfindung für Deutschland beansprucht, aber allgemein wird angenommen, dass die Kunst zuerst praktiziert wurde in Italien und hatte seinen Ursprung in den Werkstätten der Goldschmiede. Ein Assistent soll Fineguerra die Möglichkeit vorgeschlagen haben , einen Abdruck von einem gravierten Muster mit Tinte auf angefeuchtetem Papier zu nehmen. *Das erste in Rom gedruckte Buch* wurde durch *den ersten Plattenstich illustriert* . Dieses Werk ist auf das Jahr 1478 datiert, wurde jedoch bereits 1472 begonnen. Die Gravur machte in Deutschland rasche Fortschritte in Richtung Exzellenz. Albert Dürer war ein Mann, dessen universelles Talent die Grenzen aller Kunstbereiche erweiterte und alles zu einem bisher unbekannten Grad an Perfektion brachte. Er beherrschte den Graveur hervorragend und brachte seine Platten auf einen höheren Endzustand als seine italienischen Zeitgenossen. Es wird auch angenommen, dass er die Kunst des Ätzens durch Korrosion erfunden hat: Bei der Untersuchung seiner Radierungen stellen wir fest, dass sie alle auf einmal korrodiert waren, was ihr monotones Aussehen ausreichend erklärt und beweist, dass *das „ Ausbrechen "* wurde damals nicht verstanden. Den niederländischen und flämischen Schulen verdanken wir viele Fortschritte in der Kunst. Die Berühmtheit der französischen Schule geht auf die Zeit Ludwigs XIV. zurück. Gerard Audran war der erste Graveur, dem es gelang, die Verwendung des Graveurs und des Ätzstifts einigermaßen zu vereinen. Die englische Gravierschule entstand erst in der Mitte des 18. Jahrhunderts. Davor waren es in England überwiegend Ausländer, die diese Kunst ausübten . Hogarth gravierte viele seiner eigenen Entwürfe. Francis Vivares führte die Kunst der Landschaftsgravur ein: Er, Woollet und Brown fertigten einige der ersten erhaltenen Landschaftsstiche an. Sir Robert Strange war ein hervorragender Porträtgravierer. Von den Modernen, die in den verschiedenen Zweigen der Kunst eine herausragende Stellung erlangt haben, würde allein ihre Aufzählung zu unnötiger Länge führen, da der vorliegende Zweck hauptsächlich darin besteht, die Prozesse zu beschreiben.

Reine Liniengravur, reproduziert durch Prozessblock.

Liniengravur von William Hogarth,
reproduziert durch Prozessblock.

William Hogarths eigenes Exlibris.
Liniengravur, reproduziert durch Prozessblock.

Die verschiedenen Arten der Gravur auf
Kupfer und Stahlblech.

Es gibt viele Arten der Gravur auf Stahl und Kupfer für den Druck mit der Kupferpresse. Wir werden die hauptsächlich verwendeten Produkte spezifizieren und ihre Hauptmerkmale angeben; Anschließend sind möglicherweise weitere Erläuterungen erforderlich. An dieser Stelle kann festgestellt werden, dass die verschiedenen Prozesse so technischer Natur sind, dass es unmöglich wäre, alle Einzelheiten der Ausführung in einem kurzen Überblick zu erklären; Wir können jedoch diejenigen, die das Thema weiter verfolgen möchten, auf ein ausgezeichnetes kleines Handbuch (Kosten: 1 Schilling) verweisen, das von Winsor und Newton veröffentlicht wurde, [2] das, wie im Vorwort angegeben, anhand jeder der Modi der darin behandelten Kupferstiche ermöglichen es jedem, „der sich mit Feder- und Tuschezeichnung auskennt, seine Entwürfe mit größerer Feinheit und zusätzlicher Wirkungstiefe zu reproduzieren". Es gibt andere Bücher zu diesem Thema, die teurer sind, wie Hamertons großartiges Werk, aber für den Amateur ist das gerade genannte praktische kleine Handbuch ein bewundernswerter Leitfaden.

Richard Southcote Mansergh.

Tipperary.

Direktübertragung von der gravierten Platte auf den Stein.

Reine Liniengravur, reproduziert durch Prozessblock.

Direktübertragung von der gravierten Platte auf den Stein.

Für jemanden, der sich mit dem Zeichnen auskennt und über etwas Muße und Begeisterung für die Arbeit verfügt, bietet DIE RADIERUNG ein reizvolles Feld für die Ausübung des künstlerischen Geistes. Es gibt keine technischen Schwierigkeiten, die nicht durch Sorgfalt und Geduld überwunden werden könnten. Die wenigen Werkzeuge und notwendigen

Geräte sind nicht kostspieliger Natur, wenn man von der Kupferdruckmaschine absieht.

Es gibt verschiedene Arten oder Methoden der Gravur, von denen nur die sechs Hauptarten berücksichtigt werden müssen, nämlich:

- (1) LINIENGRAVUR.

- (2) RADIERUNG.

- (3) WEICHGRUNDÄTZUNG.

- (4) AQUATINTA-GRAVUR.

- (5) MEZZOTINTA-GRAVUR.

- (6) PUNKTGRAVUR.

Die besonderen Merkmale aller Kupfer- und Stahlplattengravuren bestehen darin, dass die Linien oder Striche, aus denen das Design besteht, mit einem feinen Werkzeug, das als Gravieren bezeichnet wird, in die Oberfläche des Metalls geschnitten oder gepflügt, geätzt oder mit Säure oder Korrosion herausgeätzt werden auf andere Weise. Ein *Druck* entsteht, indem die so erstellten Linien mit einer speziellen Tinte gefüllt werden, die aus einem trocknenden Öl und Farbpigmenten besteht . Während des Färbevorgangs wird die Platte warm gehalten, die überschüssige Tinte wird mit einem groben Musselinlappen abgewischt und so vollkommen sauber gemacht. Die in das Fahrbett der Kupferplattenpresse gelegte Platte wird mit einem leicht feuchten Blatt Papier abgedeckt; Beim Drehen der Presse wird ein solcher Druck ausgeübt, dass das Papier in die Linien gedrückt wird. Dadurch wird die Tinte auf das Papier übertragen und das Ergebnis ist ein Abdruck oder *Proof*.

KUPFERDRUCKMASCHINE.

Direktübertragung von der gravierten Platte auf den Stein.

1. – LINIENGRAVUR.

Die meisten früheren Exlibris sind graviert oder mit dem Stichel vollständig in die Platte geschnitten und können zu Recht als *Liniengravur schlechthin bezeichnet werden* .

Als frühe Beispiele dieses Werkstils können wir Reproduktionen mehrerer Exlibris anführen, nämlich „ Kress von Kressenstein " von Hans Troschel, 1699 , S. 28; die Porträttafel von Samuel Pepys , von Robert White, S. 31; zwei von Hogarth gestochene Tafeln , S. 40-41. Das Exlibris von WILLIAM COWPER , Gerichtsschreiber des Parlaments ; EDWARD LOVEDEN LOVEDEN ; ———Barrow ; _ und HENy _ JAM s PYE veranschaulicht auch allein die Qualität der *Linien-* oder *Stichelarbeit* . Die im Text eingestreuten Beispiele tragen ihre eigene Erklärung.

Als moderne Beispiele dieses Stils können wir mehrere charakteristische Varianten nennen – das Bibliotheksinterieur von WHK Wright, von JE Wood, aus Plymouth, und eine Reihe, die vom Schriftsteller entworfen und von Marcus Ward & Co., Limited graviert und im Lithographieverfahren gedruckt wurde – All dies wird sich als Schlüssel zum Umgang mit Graveurarbeiten allein und in Kombination mit der Radierung als nützlich erweisen.

Zu den Hauptvertretern dieser Kunst gehört der Name CW Sherborn, der sich als Graveur heraldischer Motive *einen Namen gemacht hat.* Eines seiner kleineren Werke, in reiner Linie eingraviert, erscheint auf Seite 27, der zierlichen <u>Wappentafel von R. Day, FSA</u>, *direkt von der Kupferplatte gedruckt* ; ein beliebter alter Toast, in spielerischer Anspielung auf die Flügel im Wappen, Pflicht tun als Motto.

2. – ÄTZUNG.

Diese Methode ermöglicht eine größere Handhabungsfreiheit als die Gravurarbeit. Das Motiv wird mit der Ätzspitze durch einen widerstandsfähigen Untergrund gezogen und die freigelegten Linien auf der Oberfläche des Kupfers werden mit Aquafortis bis zur erforderlichen Tiefe korrodiert, wobei die Endbearbeitung der Arbeit üblicherweise mit dem Graveur erfolgt.

Direktübertragung von der gravierten Platte auf den Stein.

Radierung auf Kupfer, reproduziert durch Prozessblock.

Aus der Sammlung von WHK Wright.

Maschinelles Lineieren oder *Tönen* wird heute häufig in Verbindung mit Liniengravur und -ätzung verwendet, für die gleichmäßige Tönung von Himmeln und ebenen Flächen in Bildwerken und für die symbolischen Linien, die Tinkturen in der Heraldik bezeichnen, wofür mehrere Beispiele angeführt werden.

Stahlplatten wurden zum Gravieren sehr feiner Arbeiten verwendet oder wenn eine große Anzahl von Kopien von der Platte gedruckt werden musste. Jeder Vorteil, den Stahl früher gegenüber Kupfer hatte, wird jetzt durch den Prozess der sogenannten *„Stahlbeschichtung"* neutralisiert , bei dem die Kupferplatte mit einer galvanischen Eisenabscheidung beschichtet wird.

Der so genannte Kupferplattendruck liefert zwar das perfekteste Ergebnis, ist jedoch langsam und mühsam und zwangsläufig kostspielig. Stattdessen wird heute häufig eine viel schnellere Druckmethode – die Lithografie – verwendet, bei der Übertragungen von der gravierten Platte auf den Lithografiestein gelegt und von dort gedruckt werden, wobei die Originalplatte intakt bleibt. (Siehe Beispiele unter Lithographie) .

Zwei Radierungen auf Kupfer von Bewick , reproduziert durch
Prozessblock.

Aus der Sammlung von WHK Wright.

Es werden einige frühe Beispiele geätzter Platten aufgeführt. Die
Urnenentwürfe von Charles Bragge , Armorial Landscape und Bewickian
Landscape zeigen den Charakter und die Handhabung von Radierungen im
Unterschied zur Liniengravur. Andere Beispiele veranschaulichen die
Kombination von *Linien-* , *Radierungs-* und *Maschinenlinienarbeiten* .

3. – WEICHE GRUNDÄTZUNG.

Ein sehr charmanter Arbeitsstil, der von Bartolozzi und anderen Graveuren
seiner Zeit häufig verwendet wurde, heute aber völlig außer Gebrauch ist. Da

ein geeignetes, auf diese Weise gestochenes Exlibris nicht rechtzeitig auftauchte, wurde das vorliegende schöne Beispiel des Stils ausgewählt, um den Charakter des Werkes zu veranschaulichen, das einer Kreidezeichnung sehr ähnelt und aus diesem Grund erhebliche Schwierigkeiten bei der Darstellung aufweist die Art der Reproduktion durch das Halbtonverfahren. Dem Ergebnis gelingt es jedoch in bemerkenswertem Maße, die eigentümliche Struktur des Originals wiederzugeben.

Direktübertragung von der gravierten Platte auf den Stein.

Zwei Radierungen auf Kupfer von Bewick , reproduziert durch
Prozessblock.

Aus der Sammlung von WHK Wright.

Das allegorische Symbol stellt die mit einem Türmchen gekrönte Göttin
Kybele, „Mutter der hundert Götter", dar, die auf einem isolierten Felsen im
Meer steht und einen Olivenzweig und ihr Attribut, das Ruder, als Führerin
und Leiterin der Geschicke in der Hand hält von Städten und Staaten;
Jugendliche Figuren, die die Künste und Wissenschaften repräsentieren – die
den Ruhm eines Staates ausmachen – tummeln sich in den Wolken.

Obwohl es ursprünglich nicht für ein Exlibris gedacht war, möchte ein Freund es übernehmen, mit dem Motto von Vergil: „ *Fato Prudentia Major* " – um anzudeuten, dass seiner Meinung nach Klugheit größer ist als Schicksal.

4. – AQUATINT-GRAVUR.

Tuschezeichnung aussieht und von Künstlern häufig in Verbindung mit der Radierung verwendet wird, um den Farbtönen Fülle und Konsistenz zu verleihen. Ein bewundernswertes Beispiel für diese Kombination aus Radierung und Aquatinta ist das bezaubernde Exlibris des Hon. Leicester Warren von W. Bell Scott, bei Sammlern gut bekannt. Es eignet sich jedoch nicht gut für die Reproduktion.

Direktübertragung von der gravierten Platte auf den Stein.

Die Textur, die unterschiedlich fein sein kann, wird auf der Platte durch eine Harzlösung (gelöst in reinem Spiritus) erzeugt, die über die Oberfläche gegossen wird; Wenn der Spiritus verdunstet, bleibt das Harz in winzigen, isolierten Partikeln zurück, die an der Platte haften. Darauf wird das Motiv nachgezeichnet oder übertragen, die höchsten Lichter werden mit Gravierlack „ *ausgestrichen* ". Anschließend wird mit dem Ätzen (oder Einbeißen mit Säure) fortgefahren; Sobald die tieferen Farbtöne erreicht sind, werden wiederholte Abstriche und Radierungen vorgenommen.

5. – MEZZOTINT-GRAVUR.

Entsteht durch Aufrauen der Plattenoberfläche mit einem Schaukelwerkzeug und die durch Schaben und Brennen erzeugten Lichter und Schattierungen.

Wird selten für kleine Arbeiten verwendet, wird aber größtenteils in Kombination mit Nr. verwendet. 1 und 2 für Drucke und Bilder. Der kleine französische Druck der Jungfrau mit Kind, der im Halbtonverfahren reproduziert wurde, gibt den Charakter des Werkes ziemlich gut wieder. (Siehe Beispiel unter „Halbton-Prozessblöcke".)

6. – STIPPLE-GRAVUR.

Wird mit einem Graveur oder einem anderen Werkzeug durchgeführt, das so beschaffen ist, dass die Farbtöne durch kleine Punkte erzeugt werden. Diese Methode wird häufig für Statuen und insbesondere für Porträts verwendet, während der Rest des Bildes im Allgemeinen mit einigen der anderen Methoden ausgeführt wird, Nr. Vor allem 1 und 2.

Direktübertragung von der gravierten Platte auf den Stein.

CHARLES BRAGGE

Radierung auf Kupfer, reproduziert durch Prozessblock.

LITHOGRAFISCHE DRUCKMASCHINE.

LITHOGRAFIE.

DIE LITHOGRAPHIE als eine der modernen Künste stammt erst aus der Zeit um das Ende des letzten Jahrhunderts. Der Erfinder ALOYS SENEFELDER , Sohn eines Schauspielers, wurde 1771 in München geboren und starb dort am 26. Februar 1834. Für den Beruf des Anwalts vorgesehen, musste er nach dem Tod seines Vaters in den Ruhestand gehen von der Universität.

Auf Transferpapier gezeichnet und direkt auf Stein übertragen.

Im Alter von achtzehn Jahren war er auf sich allein gestellt und wandte sich dem Beruf seines Vaters zu, hatte jedoch wenig Erfolg. Als er für die Bühne schrieb, hatte er aufgrund seiner Armut Schwierigkeiten, seine Schriften zu veröffentlichen, und als er versuchte, einen geeigneten Prozess zu finden, um dieses Ziel zu erreichen, gelangte er zu dem, was wir heute die Kunst der Lithographie nennen. Senefelder konnte seine Kunst bis zu einem hohen Grad vervollkommnen und erleben, wie sie allgemein genutzt wurde, ohne dass er dabei großen Nutzen daraus zog. Seit seiner Zeit gab es viele Fortschritte und neue Entwicklungen in verschiedene Richtungen, beispielsweise in der wunderschönen Kunst der Chromolithographie und der Fotolithographie.

Der Begriff Lithographie leitet sich vom griechischen Wort „ *lithos* " für Stein und *grapho* für „schreiben" ab. Lithographiestein ist eine Kalksteinart, deren beste Qualität in den Steinbrüchen in Solenhofen bei München und in Papenheim an der Donau gewonnen wird. Die Steine werden je nach Arbeitsaufwand in Platten oder Blöcke unterschiedlicher Größe geschnitten; zum Drucken einer Oktavseite, eines Quarts usw. bis zu 60 mal 40 Zoll und sogar noch größer . Die Dicke variiert von 2,5 cm bei den kleineren bis zu 10 bis 12 cm bei den größeren Größen. Die Steine werden mit Sand und Wasser vollkommen eben geschliffen und mit einem feinen Stein bearbeitet, bis eine vollkommen glatte, polierte Oberfläche entsteht, auf der dann die Zeichnung aufgenommen werden kann oder auf deren Oberfläche eine speziell angefertigte Zeichnung oder Schrift übertragen werden soll vorbereitetes Papier (*lithografisches Transferpapier*). Für Kreide- oder Bleistiftzeichnungen wird die glatte Oberfläche des Steins mit gesiebtem Silbersand *gekörnt , was eine schön gleichmäßige körnige Textur ergibt, und die Zeichnung wird mit lithografischer Kreide* darauf angefertigt . Zum Zeichnen auf dem glatten Stein oder auf Transferpapier wird *lithografische Tinte* verwendet.

DAS DEM PROZESS DER LITHOGRAPHIE ZUGRUNDE LIEGENDE PRINZIP ist einfach folgendes: Der Stein ist so beschaffen, dass er die harzigen und öligen Substanzen, die in der Tinte oder dem Bleistift enthalten sind, die zur Gestaltung des Designs verwendet werden, mit großer Zähigkeit zurückhält. Der Lithografiestein nimmt außerdem Wasser ungehindert auf; In Kombination mit der besonderen Affinität zwischen harzigen Substanzen und ihrer gegenseitigen Fähigkeit, Wasser abzustoßen, führt dies dazu, dass die Tinte auf der Druckwalze am Motiv haftet und die feuchte Oberfläche des Steins unberührt lässt.

Auf Transferpapier gezeichnet und direkt auf Stein übertragen.

DER PROZESS DES LITHOGRAFIEDRUCKS ist wie folgt: – Nach der Zeichnung auf dem Litho. Wenn der Stein fertiggestellt ist, wird er mit verdünnter Säure und Gummi arabicum angespült. Durch die Entfernung des Alkalis aus der Tinte bleibt das darauf befindliche Motiv in dauerhafter Form zurück, während gleichzeitig ein winziger Teil der Oberfläche weggeätzt wird des Steins und macht ihn wasseraufnahmefähiger. Nach *dem Ätzen werden alle Spuren der Säure mit einem Schwamm und Wasser entfernt, der Stein wird mit einem feuchten Musselintuch* abgerieben, um die Feuchtigkeit auf der Oberfläche auszugleichen , die mit *Druckfarbe* gefüllte *Lithografiewalze* wird über die Oberfläche geführt, die Linien von Das Design allein erfordert Tinte; Anschließend wird das Papier auf den Stein gelegt und mit der *Lithografiepresse eine Kopie angefertigt* . Das Anfeuchten des Steins und das Einfärben werden für jeden Abdruck wiederholt.

LITHOGRAFISCHE SCHREIB- UND ZEICHENTINTE sowie LITHOGRAFISCHE BUNTSTIFTE zum Zeichnen mit Kreide auf Stein haben eine ähnliche Zusammensetzung, unterscheiden sich jedoch in den Proportionen und sind für die jeweilige Art der Arbeit geeignet, wobei *weißes Wachs , Schellack , harte Seife , Talg* und *Lampenruß* die wichtigsten sind Zutaten. Zum Schreiben und Zeichnen aller Arten von Linien auf Stein oder Transferpapier wird die Tinte in Stäbchen hergestellt, mit Wasser auf die richtige Gebrauchskonsistenz verrieben und mit einem Kugelschreiber oder *einem Zobelbleistift* verwendet . Bei Kreidezeichnungen auf einem gemaserten Stein wird die Tinte in die Form von Bleistiften gegossen und zur Erleichterung des Zeichnens in einem Bleistifthalter verwendet, wobei die Spitze nach Bedarf geschärft wird.

KREIDEZEICHNUNGEN AUF STEIN werden selten für so kleine Arbeiten wie Exlibris verwendet. Wir brauchen daher nicht weiter darauf hinzuweisen, als zu sagen, dass in diesem Bereich der Lithographie Spitzenleistungen leichter zu erreichen sind als in der *Arbeit mit feinen Linien* , für die ständige Übung und eine sehr sorgfältige Handhabung der Geräte, des lithografischen Stifts usw. erforderlich sind Feiner Sandstift ist erforderlich.

Auf Transferpapier gezeichnet und direkt auf Stein übertragen.

Die technischen Schwierigkeiten, die es bei der Lithographie zu überwinden gilt, sind sehr groß; Für den Ungeübten scheinen sie unüberwindbar zu sein: Die Magie der Handhabung, die durch lange Übung im Umgang mit den Materialien erworben wurde, wie man sie an guten Beispielen sieht, zeugt von einem Grad an technischem Können, mit dem der Amateur vielleicht nicht mithalten kann. Mit der *Feder* oder *einem kleinen Zobelbleistift* mit der erforderlichen Linienfeinheit eines Experten und mit der Präzision und scheinbaren Freiheit eines versierten Künstlers zu zeichnen, ist eine schwierige Aufgabe . Dies ist ein Nachteil für Künstler im Allgemeinen, die gezwungen sind, die Übersetzung ihrer Zeichnungen einem professionellen Lithografen anzuvertrauen – nicht immer mit einem zufriedenstellenden Ergebnis(!)

HÄUFIG GENARBTES ODER STRUKTURIERTES PAPIER VERWENDET , von dem es viele Sorten gibt, die speziell für die *Fotolithographie mit einer kalkhaltigen Oberfläche hergestellt* werden, auf dem der Künstler seine Zeichnungen mit Lithokreide oder einem geeigneten schwarzen Bleistift anfertigt. Da mit der Messerspitze Lichter auf der Kreideoberfläche ausgekratzt werden können, sind damit sehr wirkungsvolle Arbeiten für bildliche Darstellungen möglich. Anschließend wird eine Fotolitho - Übertragung auf Stein übertragen oder je nach Bedarf ein *Prozessblock* daraus hergestellt. Zeichnungen, die mit lithografischer Kreide auf diesem vorbereiteten Strukturpapier angefertigt wurden, können auch direkt auf Stein übertragen und von dort gedruckt werden. Extreme Schönheit und Feinheit werden jedoch durch die Fotoverkleinerung gewonnen.

Sehr schöne bildliche und heraldische Exlibris wurden im lithografischen Verfahren hergestellt und sind kaum von der Plattengravur zu unterscheiden.

BEI GRAVIERTEN PLATTEN können Abdrücke von ihnen entnommen und aus Stein gedruckt werden. Zu den verschiedenen Arten der *lithografischen und fotolithografischen Reproduktion* werden zahlreiche Beispiele mit erläuternden Titeln gegeben .

Auf Transferpapier gezeichnet und direkt auf Stein übertragen.

CHROMO-LITHOGRAPHIE.

Man trifft auf einige sehr zierliche Exemplare von Ex Libris, die mit heraldischen Tinkturen geschmückt sind und auf ihre Art sehr charmant sind, hauptsächlich deutsche. Die Farbe in der Heraldik der Exlibris hat in diesem Land nicht den gleichen Anklang gefunden wie auf dem Kontinent; Aus welchem Grund ist es schwer zu verstehen. Mit freundlicher Genehmigung von Herrn RS Mansergh , Friarsfield , co. Tipperary, wir haben die Möglichkeit, die vom Autor neu entworfene und von den Herren ausgeführte Platte als Titelbild abzudrucken . Marcus Ward & Co. aus Belfast.

FOTO-LITHOGRAPHIE.

Die Fotolithographie wird heute in so großem Umfang für die Reproduktion aller Arten von Werken eingesetzt, dass ein paar Worte zur Erläuterung sehr wünschenswert sein dürften. Der Prozess ist eher technischer Natur, aber einfach, wenn man ihn versteht! Es basiert auf der Tatsache, dass *Gelatine* durch die Zugabe einer bestimmten Chemikalie bei Lichteinwirkung unlöslich wird.

Ein Negativfoto der Originalzeichnung mit schwarzen Linien, das mit der *Nass-* oder Kollodiumplatte aufgenommen wurde, wird auf das erforderliche Maß intensiviert, sodass die Linien des Designs auf einem dichten, undurchsichtigen schwarzen Film vollkommen klar erscheinen. Anschließend wird es im Druckrahmen auf Papier „belichtet", das (im Dunkeln) mit der vorbereiteten Gelatine beschichtet wurde – nun extrem lichtempfindlich. Der belichtete Druck (der zu diesem Zeitpunkt kaum noch Spuren des Motivs aufweist) wird in der Dunkelkammer aus dem Druckrahmen genommen und dann mit einem dünnen Film oder einer Schicht Transfertinte des Druckers bedeckt. *Die dem Licht ausgesetzten Linien sind unlöslich geworden* , während der weiße Grund des durch das Negativ geschützten Musters noch in einem löslichen Zustand ist. In einem Bad mit warmem Wasser schwimmend, wird die lösliche Gelatine (die nicht vom Licht beeinflusst wird) mit ihrer Tintenschicht abgewaschen – nur die unlöslichen Linien des Musters bleiben zurück, bedeckt mit der Transfertinte des Druckers. Diese „ *Fotoübertragung* " kann dann auf den Lithografiestein aufgebracht und von dort gedruckt werden, oder sie kann auf eine polierte Zinkplatte übertragen und als Block für den Schriftdruck auf die erforderliche Tiefe geätzt werden.

Direkt auf Stein gezeichnet, mit hinzugefügter mechanischer Lineatur.

ZEICHNUNG FÜR FOTOLITHO UND FÜR PROZESSLINIENBLOCKS.

die richtige Größe fotolithoisiert werden erforderlich, wodurch jede Berührung und Biegung der Linie im Original erhalten bleibt und durch die Verkleinerung eine Feinheit der Linie und eine Schönheit des Finishs erreicht wird, die der Künstler selbst auf der reduzierten Größe nicht erreichen konnte . MASCHINELLE LINIEN können anschließend auf das Design übertragen werden, wenn es auf dem Stein liegt, wie bei einigen Designs in den beigefügten Beispielen.

„ *Prozessblöcke* ", die alle Arten von Zeichnungen und Gravuren so bewundernswert reproduzieren, sind bei sorgfältigem Druck manchmal nur sehr schwer auf direkten Lithographien zu erkennen.

Ulster-König der Waffen.

Federzeichnung von Rev. Wm. FitzGerald,
reproduziert von Prozessblock. Stark reduziert.

PROZESSBLÖCKE.

FLIESSBANDARBEIT.

ES gibt eine ganze Reihe von Verfahren, die mit mehr oder weniger Erfolg eingesetzt wurden, wie Graphotype, Dallas-Type usw., auf die nicht näher hingewiesen werden muss, da die Zinkätzung für alle praktischen Zwecke die Nase vorn hat andere, entweder für HALBTONBLÖCKE oder für LINIENBLÖCKE jeder Art, von denen zuletzt hier eine Reihe von Beispielen mit einem erläuternden Titel für jedes Exemplar angegeben werden.

Für Arbeiten der allerfeinsten Art ist die Photogravur oder Heliogravüre, die mit der Kupferpresse gedruckt wird, die beste Wahl, hat aber den Nachteil, dass sie sehr teuer ist. Wer mehr über die verschiedenen verwendeten Prozesse erfahren möchte, kann auf einen sehr hervorragenden Band in der „Book Lovers' Library" verweisen – „ MODERN METHODS OF ILLUSTRATING BOOKS " von H. Trueman Wood, MA , Sekretär der Society of Arts, veröffentlicht von Elliot Stock.

Feder- und Tuschezeichnung, reproduziert durch Prozessblock.
Leicht reduziert.

Federzeichnung, reproduziert durch
Fotolithographie.

Diese modernen Methoden stellen ein äußerst wichtiges und wertvolles Mittel zur Herstellung von Illustrationen für Druckzwecke dar. Mit ihrer Hilfe kann jedes Foto, jede Zeichnung, jeder Entwurf oder jede Gravur in einen Block übersetzt werden, und zwar mit solchem Erfolg, dass es bei geeigneten Motiven oft kaum möglich ist, das Original von der Kopie zu unterscheiden; und sie ermöglichen nicht nur die Herstellung von Oberflächenblöcken mit großer Geschwindigkeit und zu geringen Kosten, sondern sie ergeben auch Blöcke, die Effekte erzeugen können, die mit Holzstichen überhaupt nicht oder, wenn überhaupt, nur mit großem Aufwand erzielt werden könnten.

Viele Künstler haben den Prozess der Zinkätzung mit Freude gelobt, da sie dadurch ein perfektes *Faksimile* ihrer Arbeit, insbesondere der

Federzeichnung, erhalten, die mit keiner anderen Methode mit der gleichen Genauigkeit und Feinheit reproduziert werden könnte Finish, das das Zinkverfahren ergibt und das durch Holzstich kein absolutes *Faksimile sein könnte* .

Federzeichnung,
reproduziert durch Prozessblock. Leicht reduziert.

Federzeichnung, reproduziert durch
Fotolithografie.

Feder- und Tuschezeichnung, reproduziert durch Prozessblock.
(Gleiche Größe.)

Herr Carl Hentschel , Leiter einer angesehenen Firma für Fotoätzereien, an den wir uns um Informationen zu bestimmten Punkten in der Manipulation seines Prozesses ersuchten, machte höflich einige sehr interessante Aussagen über die Entwicklung der Zinkätzung. Er sagt, das Verfahren der Zinkgravur sei vor etwa dreißig Jahren in England eingeführt worden, habe sich aber erst zwanzig Jahre später wirklich „durchgesetzt", wie die Yankees sagen würden; Auch aus kommerzieller Sicht wurde ihm bis vor etwa zwölf Jahren kein wirklicher Wert beigemessen, als, wie uns Herr Hentschel versichert, das von ihm eingeführte System es ermöglichte, Blöcke aller Art für Zeitungen, Bücher, Zeitschriften usw. zu haben. und Zeitschriften aller Art wurden in einer solchen Zeitspanne produziert, dass man sich bei der dringendsten Veröffentlichung auf ihre Lieferung verlassen konnte, und erst dann begannen den Verlegern die enormen Möglichkeiten des Zinkverfahrens zu dämmern, und bald wurde die Methode nach und nach für alle Zwecke übernommen der Gravur. Eine Vorstellung davon, in welchem Ausmaß davon Gebrauch gemacht wird, lässt sich aus der Tatsache ableiten, dass diese Firma allein wöchentlich etwa dreitausend Blöcke für verschiedene Publikationen im ganzen Land und sogar ins ferne Indien liefert, wo die Druckplatten vollständig sind Bände pädagogischer Werke wurden von diesem unternehmerischen Unternehmen versandt . Um mit den Anforderungen der Zeit Schritt zu halten, wurde es in jüngster Zeit als notwendig erachtet, die Möglichkeiten zur Ausführung von Halbtonblöcken erheblich zu erweitern und dabei eine Motorleistung von bis zu vierzig Pferdestärken für die Erzeugung des dafür wesentlichen elektrischen Lichts einzusetzen Branche, so dass sie in dieser Hinsicht praktisch unabhängig vom Sonnenlicht sind. In Notfällen ist es keine Seltenheit, Halbtonblöcke in fünf bis sieben Stunden zu liefern, Linienarbeiten ab Übertragungen in eineinhalb Stunden und, wenn das Motiv fotografiert werden muss, in zweieinhalb bis drei Stunden . Unter dem alten System wäre dies im Vertrauen auf das Tageslicht unmöglich gewesen, und diese Tatsache, gepaart mit dem günstigeren Kostensatz, hat dem illustrierten Journalismus einen Aufschwung gegeben, von dem man unter dem alten Regime kaum hätte träumen *können* .

Feder- und Tuschezeichnung, reproduziert durch Prozessblock.
Leicht reduziert.

Unter dem Stichwort Fotolithographie wurde die Anfangsphase bei der Herstellung sogenannter „Prozessblöcke" erläutert, nämlich die Herstellung einer Fotoübertragung von der Originalzeichnung – in Druckertinte – zur Übertragung auf den lithografischen Stein und zum Drucken bilden. Das Metall Zink besitzt die gleichen oder ähnliche Eigenschaften wie Lithografiestein und kann auf die gleiche Weise zum Drucken verwendet werden. Für das Verfahren wird der Begriff Zinkographie verwendet, obwohl es praktisch dasselbe ist wie Lithographie.

Mit Feder und Tinte gezeichnet, durch Prozessblock reproduziert.

Das Muster auf der Zinkplatte in einen Reliefblock zum Drucken mit Schrift umzuwandeln, ist nur einen Schritt weiter – die Linien des Musters auf der Zinkplatte so zu schützen, dass sie der korrosiven Wirkung von Säure widerstehen, und durch Ätzen der Platte einen Entlastungsblock herstellen. Zu diesem Zweck wird in die Zusammensetzung der Druckfarbe ein harziger oder bituminöser Stoff eingebracht. Hier haben wir also die Linien des Designs aus einem säurebeständigen Material auf der Oberfläche einer Metallplatte, die äußerst anfällig für die Einwirkung von Säuren ist. Wenn die vorbereitete Platte nun in ein Säurebad gelegt wird, wird die gesamte Oberfläche des Zinks, mit Ausnahme der geschützten Linien, geätzt oder aufgelöst, so dass das Design in seiner Integrität zurückbleibt, wobei die Linien als Relief hervorstehen: die geätzte Platte Jetzt muss es nur noch in Schrifthöhe auf Holz montiert werden, um für den Druckereinsatz bereit zu sein.

Feder- und Tuschezeichnung, reproduziert durch Prozessblock.

Federzeichnung, reproduziert durch Fotolithographie.

Dies ist ein kurzer Überblick über den Prozess bei der Herstellung von LINIENBLÖCKEN . Das Design kann auf eine der folgenden Arten auf der Metallplatte angebracht werden :

- (*a*) Durch direktes Zeichnen auf der Zinkplatte.

- (*b*) Durch eine Zeichnung auf Transferpapier auf Zink oder Stein.

- (*c*) Durch Übertragung eines Fototransfers.

- (*d*) Durch Übertragung von einer gravierten Platte.

- (*e*) Durch Übertragung von einem lithografischen Stein.

- (*f*) Durch direkte Fotografie auf Zink.

Mit der letztgenannten Methode soll die vollkommenste Arbeit erzielt werden. Bei der Durchführung des Verfahrens treten viele technische Schwierigkeiten auf, Schwierigkeiten, die es zwanzig Jahre lang im experimentellen Stadium hielten und von geringem praktischem Nutzen waren, wie zum Beispiel, dass die Säure dazu neigt, die Platte für kurze Zeit zu ätzen beißen sowohl seitlich als auch vertikal und untergraben und schwächen so die Linien, die bestehen bleiben sollen. Dies wird durch einige Fotoätzer durch die Verwendung bestimmter Chemikalien vermieden, andere durch eine raffinierte Arbeitsweise durch stufenweises Ätzen. Dies geschieht durch erneutes Einfärben und Bestäuben mit Bitumen und Erhitzen der Platte nach jedem „Ätzen", wodurch die harzige oder bituminöse Tinte geschmolzen und auf der Vorderseite und leicht an den Seiten der Linien verteilt wird. Eine erfolgreiche Arbeit wird nur durch die Beachtung der verschiedenen heiklen technischen Manipulationen erreicht, die nur durch Erfahrung möglich sind.

Feder- und Tuschezeichnung, reproduziert durch Prozessblock.

Reproduziert im Halbtonverfahren,
aus einer monochromen Skizze, verkleinert.

HALBTON-PROZESSBLÖCKE.

Das Motiv, sei es eine Zeichnung, Gravur, ein Gemälde oder ein Fotodruck, muss in jedem Fall fotografiert werden, um auf dem Negativ die Textur zu erhalten, die das Mittel zur Erzeugung der Abstufungen von Hell und Dunkel ist, die wir im fertigen Block finden. Die Theorie ist einfach genug, aber die Praxis ist äußerst schwierig und erfordert große Geschicklichkeit und Sorgfalt . Eine Glasscheibe, auf der Kreuzlinien mit perfekter mechanischer Regelmäßigkeit angeordnet sind (ungefähr siebzig Linien pro Zoll für große Arbeiten, bis zu zweihundert Linien pro Zoll für sehr feine Halbtonblöcke, je nachdem, was für das Motiv am besten geeignet ist). Hand). Der Schirm wird in der Kamera zwischen dem Objektiv und dem zu belichtenden Negativ befestigt. Die feinen schwarzen Linien des Bildschirms werden auf dem Negativ als weiße Linien reproduziert und unterteilen das Bild in eine Reihe winziger quadratischer Punkte unterschiedlicher Größe, je nach Licht und Schatten des Originalbilds. Anschließend wird wie zuvor erläutert eine Fotoübertragung durchgeführt. (Bei Hentschels Verfahren liegt das Geheimnis des vorbereiteten Transferpapiers ausschließlich im Besitz von Herrn Hentschel .) Nach der Übertragung auf das Zink und der Bearbeitung mit bestimmten Chemikalien wird die Platte nach und nach geätzt, bis eine

ausreichende Tiefe erreicht ist. Anschließend wird es zugeschnitten und auf
die richtige Höhe für den Drucker montiert.

Feder- und Tuschezeichnung, reproduziert durch Prozessblock.

Feder- und Tuschezeichnung,
reproduziert durch Prozessblock in drei Größen.

Federzeichnung.

Zeichnungen zur Reproduktion durch die modernen Verfahren der Fotolithographie und Fotoätzung können auf unterschiedliche Weise angefertigt werden. Die am häufigsten verwendete Methode ist die sogenannte FEDERZEICHNUNG (oft fälschlicherweise als „ *Radierung* " bezeichnet, bei der es sich um eine Gravur mit Säure handelt). Diese Art von Werken ist die beliebteste von allen und für Künstler und Amateure am leichtesten zu erreichen; Es lässt sich viel einfacher und kostengünstiger übersetzen als Fotos oder schattierte Zeichnungen jeglicher Art. Wie der Name schon sagt, wird es mit *der Feder* ausgeführt ; Viele Künstler haben jedoch eine Vorliebe für *den Pinsel* (einen feinen Zobelstift), der zwar viel Übung erfordert, um ihn zu beherrschen, in meisterhaften Händen jedoch zu einem wertvollen Instrument wird, das größere und vielfältigere Wirkungen erzielen kann als die Feder. Gute *schwarze Tinte* und *glattes weißes Papier* oder Karton sind das A und O. Es lässt sich viel über den Stil oder die Art und Weise verschiedener Künstler beim Zeichnen, die Art oder Qualität der Tinte, der zu verwendenden Stifte und des Papiers sagen. Die relativen Werte dicker und dünner, offener und geschlossener Linien, die Richtung der Linien usw., um den vielfältigen Charakter und die Qualität einer guten ausdrucksstarken Zeichnung zu erzeugen; Die verschiedenen Texturen der Oberflächen – Rauheit, Glätte usw. – müssen alle berücksichtigt werden, insbesondere wenn die Zeichnung in einem größeren Maßstab erstellt wird, der im Fotoätzprozess der Übersetzung verkleinert werden soll. Wir loben wärmstens das von Winsor und Newton veröffentlichte Shilling-Handbuch zum Zeichnen mit Feder und Tinte. Es ist eine ausgezeichnete Einführung in die Kunst; Es enthält ausführliche Anweisungen zu den besten Arbeitsmethoden und den zu verwendenden Materialien. [3]

CLUBGERÄT UND EXLIBRIS.

Feder- und Tuschezeichnung, reproduziert durch Prozessblock.

Reproduziert im Halbtonverfahren,
aus einer Aqua-Tint-Gravur, gleiche Größe.

Bei HALF-TONE SHADED BLOCKS kann das Design in Lavierungen als Tuschezeichnung oder auf andere Weise ausgeführt werden . Bei den Abbildungen handelt es sich um Reproduktionen verschiedener Arten von Originalen, wie unter den jeweiligen Beispielen erläutert.

Herren Carl Hentschel & Co., 182-3 Fleet Street, waren so freundlich, mehrere Beispiele vorzubereiten, um den Halbtonprozess zu veranschaulichen; Jeder Block wurde aus einem Original erstellt, das auf eine andere Art und Weise ausgeführt wurde, wie aus dem erläuternden Titel hervorgeht. und kann als ziemlich strenger Test der Leistungsfähigkeit des Prozesses angesehen werden. Für diese Gefälligkeiten sind wir sehr dankbar; Wir danken Ihnen auch für die Freundlichkeit und Höflichkeit, mit der Sie einen Großteil der oben genannten Informationen zur Verfügung gestellt haben.

Feder- und Tuschezeichnung, reproduziert durch Prozessblock.

HINWEISE FÜR SAMMLER
VON EX LIBRIS.

Um zu unterscheiden, wie ein Exlibris
hergestellt worden sein könnte.

Eine Lithographie oder Fotolithographie kann von einem Holzschnitt oder einem Kupferstich durch Folgendes unterschieden werden: Durch die Qualität der Linien, ob mit dem Stichel *geschnitten* oder auf Kupfer *geätzt ;* *gezeichnet mit der Feder* oder mit *dem feinen Zobelstift* . Jedes hat seinen eigenen Charakter in der Handhabung und Art, an dem es erkannt werden kann . Eine kleine Beobachtung bekannter Beispiele mit Hilfe einer starken Lupe wird dieses Problem im Allgemeinen lösen.

EXLIBRIS.

Reproduziert durch Halbton-Prozessblock, von
Coloured Design for Stained Glass Window.

Der Unterschied zwischen gravierten oder
geschnittenen Linien und geätzten Linien.

Mit dem Stichel geschnittene Linien sind ausnahmslos glatt und gleichmäßig und haben ein klares silbriges Aussehen; Bei isolierten Linien oder Schnitten wird man beobachten, dass die Linienanfänge dort, wo der Stichel eingeführt wurde, feiner sind als dort, wo er aufhört. Geätzte Linien hingegen haben nicht den gleichen glattkantigen, starren Charakter wie solche, die mit dem Stichel geschnitten wurden; und wo eine größere Stärke der Linie erreicht wird, geschieht durch tieferes Ätzen mit dem Säurebad, und hier ist der Unterschied in der Qualität der Linie deutlicher wahrnehmbar.

Um einen Abdruck
von einer Platte zu unterscheiden.

Bei einer *Plattengravur* sind die Linien leicht *erhaben* (und wenn sie stark graviert sind oder das Papier dünn ist, sind sie auf der Rückseite erkennbar). Ein empfindlicher Finger erkennt die stärkeren erhabenen Linien der Gravur. Auch *die Markierung auf dem Teller* verrät dies, wenn sie nicht abgeschnitten wird. Die gravierte Tafel von Herrn Sherborn auf Seite 27 wird dies veranschaulichen.

UM EINEN HOLZSCHNITT
ODER EINEN LINIENPROZESSBLOCK ZU
UNTERSCHEIDEN.

Bei einem Block sind die Linien des Designs leicht in das Papier *eingedrückt*, was auf der Rückseite des Drucks sichtbar ist (sofern es nicht unter starkem Druck vollständig ausgerollt wird). Bei genauer Betrachtung mit der Lupe erkennt man, dass die Kanten der Linien leicht rau sind – weil die Tinte von der Vorderseite der Linie über die Kante gedrückt wird; Bei gutem Druck ist dies nicht so offensichtlich. Eine Schwäche bei fast allen Prozessblöcken besteht darin, dass die Kanten feiner Farbtöne und äußerer feiner Linien dazu neigen, stärker zu drucken, als sie sollten, es sei denn, sie werden sehr sorgfältig bearbeitet.

UM EINE LITHOGRAPHIE ZU UNTERSCHEIDEN.

Bei einer *Lithografie* ist die Oberfläche des Papiers vollkommen glatt und weist keinerlei Einkerbungen auf. Die Beispiele für aus Stein gedruckte Gravurplatten und die Lithographie. und mit brauner Tinte gedruckte Fotolithografien dienen der Veranschaulichung der Qualitäten der Lithografie. Wenn die feinen Linien nicht gut gedruckt sind, können sie schwach und faul erscheinen oder dick und verschwommen werden,

entweder durch die Übertragung auf den Stein oder durch zu viel Tinte auf
der Druckwalze.

FATO PRUDENTIA MAJOR.

Ex Libris VINICOMBE BEY,

Oberst der Artillerie Tophane , Konstantinopel .

Beispiel einer Weichgrundätzung – Reproduziert
durch einen Halbton-Prozessblock.

"TSCHÜSS."

NACHDEM ich nun, wie ich hoffe, klar und prägnant die verschiedenen Arten der Herstellung von Ex Libris dargelegt habe und so viele Geschäftsgeheimnisse enthüllt habe, wie es der begrenzte verfügbare Raum zuließ, möchte ich dem Rat der Ex Libris Society meinen Dank aussprechen für die Erlaubnis , die Artikelserie zu diesem Thema – inzwischen etwas erweitert – aus den Seiten des *Journals* nachzudrucken , und für die Verwendung der Blöcke, mit denen sie illustriert wurden. An Herrn WHK Wright, FRHist.Soc . , dem fähigen Herausgeber und Sekretär der Ex Libris Society (dem alle Sammler unendlich zu Dank verpflichtet sind), gebührt mein Dank für seine geschätzte Hilfe und seinen Rat; und auf dessen Schultern ich nun die weitere Verpflichtung eines Vorworts gelegt habe. Als besonderen Gefallen habe ich darum gebeten, dass sein Schild „Bibliotheksinnenraum" erscheint. Einen ähnlichen Gefallen habe ich mir von Arthur Vicars, FSA , *Ulster King of Arms* , gewünscht, dem ich dieses kleine Buch widme. Mit Ausnahme dieser beiden „Bibliotheksinterieurs" und der Wappentafel von R. Day , FSA , von Sherborn wurden alle hier gedruckten modernen Ex Libris-Entwürfe vom Autor oder unter seiner Aufsicht angefertigt und von Marcus ausgeführt Ward & Co., Limited, denen ich sehr herzlich für ihre freundliche Zusammenarbeit danken möchte, insbesondere beim Drucken der lithographierten Exemplare und der Verwendung zusätzlicher Blöcke. Ich muss mich auch bei mehreren persönlichen Freunden bedanken, die so freundlich waren, mir ihre Kupferplatten und Prozessblöcke zu leihen.

# JOHN VINYCOMB , MRIA .

Fußnoten:

[1] Jacksons „Geschichte und Praxis der Holzgravur"; Firmin Didots „ Essay über die Geschichte des Holzstichs "; „Das Buch, seine Drucker, Illustratoren und Buchbinder" von Henri Bouchot ; „Holzgravur: ein Lehrhandbuch" von WJ Linton.

[2] „Die Kunst des Radierens erklärt und illustriert, mit Anmerkungen zu den verwandten Verfahren der Kaltnadel, Mezzotinta und Aquatinta." Von HR Robertson, Fellow der Society of Painter-Etchers; Autor von „Life on the Upper Thames" usw. Winsor und Newton, Limited, 38 Rathbone Place, London.

[3] „Die Kunst des Feder- und Tuschezeichnens, allgemein Radierung genannt." Von HR Robertson, Fellow der Society of Painter-Etchers, Autor von „The Art of Etching" usw. Winsor & Newton, Limited, London.